Bankpolitische Aufsätze

1. Zur Einführung des französischen Deckungsrechtes bei der Tratte der einheitlichen Wechselordnung
2. Wesen und Zukunft des Schecks

Von

Univ.-Prof. Dr. Karl Adler

in Czernowitz

Verlag von Duncker & Humblot
München und Leipzig
1913

Alle Rechte vorbehalten.

Altenburg, S.-A.
Pierersche Hofbuchdruckerei
Stephan Geibel & Co.

Vorbemerkung.

Namhafte Fachleute und Interessengruppen in Deutschland, Österreich, Ungarn und der Schweiz verlangen, daß das von mir seit dem Jahre 1909 vertretene Recht des Wechselgläubigers auf die Deckung des gezogenen Wechsels nach dem Vorbilde des französischen Rechts zugleich mit der einheitlichen Wechselordnung eingeführt werde.

In diesem für die Wirtschafts- und Rechtsentwicklung bedeutsamen Augenblick wird eine Auswahl aus meinen zum Teil nicht leicht zugänglichen Ausführungen über diesen Gegenstand manchem willkommen sein. Wichtigere Zusätze zu den ursprünglichen Texten setze ich in eckige Klammer [].

Ich habe meinen Aufsatz: „Wesen und Zukunft des Schecks" in der Hoffnung zugefügt, daß auch dessen banktechnischer Vorschlag in nicht allzuferner Zeit in das Wirtschaftsleben eingeführt werden wird.

Czernowitz, Oktober 1913.

Dr. Karl Adler.

1.
Zur Einführung des französischen Deckungsrechtes bei der Tratte der einheitlichen Wechselordnung.

1. Das Recht des Wechselgläubigers auf die Deckung.
(Aus der von Prof. Grünhut herausgegebenen Zeitschrift für das Privat- und öffentliche Recht der Gegenwart. XXXVII. Band, S. 123 [Oktober 1909]).

Eine der meist verhandelten Streitfragen, die den Einigungsbestrebungen im Wege stehen, ist die, ob dem Wechselgläubiger ein selbständiges Recht auf die Deckung der Tratte zustehen soll.

Die Frage ist namentlich praktisch wichtig im Falle des Konkurses des Ausstellers.

Die französische Jurisprudenz[1] hat den Satz entwickelt, daß das Recht des Wechselgläubigers auf Deckung weder durch Arrestschläge anderer Gläubiger, noch durch Konkurs des Ausstellers, noch durch Ausstellung weiterer Wechselbriefe gefährdet werden kann.

Für dieses französische System ist kein geringerer als Wieland in der 42. Versammlung der Schweizer Juristenvereinigung (Zeitschr. f. Schweiz. R. Bd. 45) im Jahre 1904 eingetreten. Auf dem Congrès international in Paris 1900 machte Thaller die berühmt gewordene, auch von Meyer angeführte Äußerung, daß,

---

[1] Felix Meyer, Weltwechselrecht, I. Denkschrift 1906, S. 133 ff.; II. Vergleichende Darstellung, 1909, S. 151—152; III. Entwurf 1909, S. 96. Näheres f. unter 1, 2 S. 8—10.

so lange man in Deutschland, bei diesem Punkte nicht nachgebe, vermutlich die Beratungen über ein einheitliches Wechselrecht auf dem Status quo verharren würden.

Mir ist leider das weit zerstreute Material an Aussprüchen über die Frage nicht vollständig zugänglich. Ich erwähne nur, daß die Frage von einzelnen, so auch von Meyer, trotz dessen eminenter Sachkunde, nicht in dem richtigen Zusammenhange dargestellt und aufgefaßt wird.

Namentlich die Ansicht Meyers[2], daß mit der Annahme des französischen Systems die formelle Wechselrechtsauffassung und damit „ein Gedanke, der so siegreich die moderne Welt erobert hat", erschüttert wird, kann ich nicht teilen.

Die formelle Natur des Wechsels, die Abstraktheit der Wechselforderung sind allerdings keine „in den Kreisen abstrakter Gelehrsamkeit ausgeklügelte Dogmen".

Sache abstrakter Gelehrsamkeit[3] ist es aber, diese Dogmen dort anzuwenden, wo sie mit ihrem Zweck in Widerspruch geraten. Ihr Zweck ist doch kein anderer, als das Recht des Gläubigers zu schützen, nicht es zu schwächen.

Das unterliegende Verhältnis darf daher nicht außerhalb gewisser Grenzen **gegen** den Gläubiger zur Geltung gebracht werden. Durch kein Dogma und vor allem durch kein schutzwürdiges Interesse aber kann der Satz begründet werden, daß das Deckungsverhältnis für den Gläubiger „tabu" sei. Wahr mag

---

[2] Denkschrift S. 135.

[3] [Dagegen jetzt Hupka, N.Fr.Pr. v. 5. Juni 1913: „Man wird sich also wohl bei niemandem außer bei Prof. Adler dem Vorwurf des Doktrinarismus aussetzen, wenn man fordert, daß der Vorschlag Landesbergers, der an die Grundlagen des Wechselrechts rührt, nicht leichthin zum Gesetz erhoben werde, sondern nur dann, wenn sich erweist, daß durch ihn der gegenwärtige Zustand der Kreditwirtschaft wirklich verbessert würde".] Ich erkenne diese Forderung ausdrücklich als berechtigt an und habe sie natürlich nie bestritten.

1. Das Recht des Wechselgläubigers auf die Deckung.

nur sein, daß die Franzosen sich der inneren Gründe ihres Systems ebenso wenig bewußt sind, wie die Deutschen. Ich habe, als ich die Frage mit meinem gelehrten Freunde Pisko mündlich erörterte, ausgesprochen: daß es mir zwar nicht bekannt sei, daß ich aber eben aus dem der französischen Praxis entspringenden Satze vom Rechte auf Deckung des Gläubigers auf die Tatsache schließe, daß in Frankreich die nicht akzeptierte und nicht akzeptable Tratte im Verkehre ebenso vorherrsche, wie bei uns das Akzept. Erkundigungen bestätigen mir diese Vermutung.

Es ist ja auch leicht einzusehen, daß das Recht auf Deckung ein dringendes Bedürfnis für den Gläubiger ist, dem eine gültige Klausel verbietet, das Akzept einzuholen.

Beim akzeptierten Wechsel sinkt dagegen das Recht auf Deckung zur Bedeutungslosigkeit herab. Nun herrscht im Warenhandel auch bei uns eine entschiedene und steigende Abneigung gegen das Akzept.

Die Entwicklung geht dahin, auch die nicht akzeptierte und nicht akzeptable Tratte **bankfähig** werden zu lassen.

§ 39, Abs. 4 des Meyerschen Entwurfes erkennt das Akzeptationsverbot ausdrücklich an und trägt somit diesem Zuge der Entwicklung Rechnung.

Es wäre nun nicht folgerichtig, gleichzeitig dem Rechte des Gläubigers auf Deckung Widerstand zu leisten, oder gar das Aufgeben des für die französischen Verhältnisse wohlbegründeten Standpunktes zur conditio sine qua non zu erklären.

Gleichwohl konnte man die Meyerschen Argumente in den Wiener Wechselrechtskonferenzen (1909) hören, als ob durch Anerkennung des französischen Systems ein großes Interesse des Handels und der Kern des Wechselrechtes gefährdet würden.

Ganz unrichtig ist es, daß das bisher geltende österreichische Recht, dem Rechte auf die Deckung grundsätzlich entgegen wäre; erklärt doch § 1408 abGB. die bedeckte Anweisung als Zession der Deckung und es wäre zu bedauern, wenn dieser Satz mit manchem anderen, der schlecht scheint, weil er in seiner Feinheit nicht verstanden wird, der geplanten Revision zum Opfer fiele [3a].

Man beachte doch den schönen Gegensatz zwischen der unbedeckten Anweisung der §§ 1403—1404 abGB., die als widerrufliches Mandat behandelt wird, und der bedeckten Anweisung des § 1408 und frage sich dann, wer moderner ist: das bürgerliche Gesetzbuch oder die Revision? Freilich kann sich die Revision darauf berufen, daß das ganze Anweisungsrecht des allgemeinen bürgerlichen Gesetzbuches durch die Auslegung völlig verdunkelt erscheint. Diese leidet durch das Vorurteil, daß manche Ausleger um so viel klüger sind als das Gesetz, daß sie dieses nicht zu lesen brauchen.

2. Das sogenannte Recht auf die Deckung des gezogenen Wechsels[4] und die Frage seiner Einführung.

(Aus „Recht und Wirtschaft" 1913, S. 241 Berlin, Carl Heymanns Verlag.)

Eine der am meisten verhandelten und grundlegenden Streitfragen des Wechselrechts ist die, ob dem Wechselgläubiger gegen

---

[3a] [Seither von mir näher ausgeführt in Grünhuts Z. 40, 189.]

[4] Zur Rechtsvergleichung s. Meyer, Weltwechselrecht; Die geltenden Wechselrechte 1909, S. 149 f.; s. auch dessen Weltwechselrecht Denkschrift 1906, S. 133 f.

Wegen seiner Übereinstimmung mit dem französischen Recht ist das schottische Recht (S. 53[2] der Bills of Exchange act) besonders merkwürdig.

Über die geschichtlichen Grundlagen s. Adler im Hdwtb. StaatsW. f. v. Wechsel.

Eine gründliche Darstellung des französischen Rechtes und des Standes der Frage in Österreich gibt neuestens Hamburger, Das Recht auf die Deckung bei der nicht-akzeptablen Tratte. Wien (Manz) 1913. (Aus Österr. Allg. Gerichts-Z. 1913, Nr. 38, 41, 42, 43.) Die Schrift Hamburgers darf als abschließend bezeichnet werden.

2. Das sogenannte Recht auf die Deckung des gezogenen Wechsels.

den Bezogenen, der den Wechsel nicht angenommen hat, das Recht zustehen soll, die Forderung des Ausstellers geltend zu machen, zu deren Einziehung der Wechsel gezogen wurde.

Dieses Recht heißt mit einem nicht ganz passenden Namen: das Recht auf die Deckung. Ich glaube, daß dieser Name der Sache viel geschadet hat. Mancher stellte sich, ohne viel nachzudenken, vor, daß etwa der Wechselgläubiger regelmäßig Eigentums- oder doch Pfandrecht an der Ware oder dem Gelde erwirbt, die der Bezogene vom Aussteller empfangen hat. In Wahrheit handelt es sich um eine andere, durchaus nützliche und harmlose Sache.

Art. 14 des Haager Übereinkommens über die Vereinheitlichung des Wechselrechts wahrt den Vertragsstaaten die Freiheit, die Frage, ob der Inhaber des Wechsels besondere Rechte auf die Deckung hat, selbständig zu regeln. Diese Frage tritt nun auch an die deutsche Gesetzgebung heran.

Die französische Jurisprudenz hat den Satz entwickelt, daß das Recht des Wechselgläubigers „auf Deckung", d. h. an der zivilrechtlichen Forderung des Ausstellers gegen den Bezogenen, deren wirtschaftlicher Ausdruck die Tratte ist, weder durch Arrestschläge anderer Gläubiger des Ausstellers, noch durch Konkurs des Ausstellers, noch durch Ausstellung weiterer Wechselbriefe gefährdet werden kann.

Dieses Recht kann erst bei Verfall des Wechsels ausgeübt werden. Von diesem Augenblick an stehen dem Inhaber alle Rechte zu, die dem Aussteller selbst an den Vermögensobjekten zustanden (Meyer). Hat also der Aussteller bei dem Bezogenen Ware als Grundlage eines Wechselkredits deponiert, so erwirbt der Wechselgläubiger des französischen Rechtes in der Tat ein dingliches Recht an dieser Ware.

Dies gilt auch für den Fall, daß der Aussteller des nicht akzeptierten Wechsels in Konkurs gerät.

Hat der Bezogene den Wechsel angenommen, so erwirbt er selbst von Rechts wegen ein Pfandrecht an der Deckung, während dies nach deutschem und österreichischem Recht erst einer Vereinbarung bedarf.

Doch dies ist eine Besonderheit, die wir entbehren können, da die Begründung des Pfandrechts nach unserem Recht an keine schwerfällige Form gebunden ist und da der Aussteller in der Regel gar kein dingliches Recht an der Deckung hat. Diese, in der Regel die gelieferte Ware, ist vielmehr gewöhnlich Eigentum des Bezogenen und als solches sehr oft von ihm längst weiter veräußert, wenn der Wechsel fällig wird. Alles, was für den Wechselgläubiger vom Standpunkte des deutschen oder österreichischen Rechtes geschehen könnte, ist, daß er, wenn der Wechsel nicht angenommen ist, ein persönliches Recht gegen den Bezogenen erhält, das gegen den Aussteller, gegen dessen Widerruf, Konkurs und Gläubiger sichergestellt ist.

Wenn der Aussteller zugunsten der Tratte eine besondere Widmung der Deckung verfügt hat (affectation spéciale de la provision), so ist auch nach französischem Recht keine spätere Verfügung des Ausstellers über die Deckung wirksam. (S. Anm. 6.)

Es ist längst anerkannt, daß dieser Schutz den allein praktischen Kern des französischen Systems bildet.

Wer die Tratte, für deren Annahme Aussteller und Indossanten nicht haften wollen, redlich und wechselmäßig, insbesondere durch Indossament oder durch Einlösung im Wege des Rücklaufs, erworben hat, soll gleichzeitig Herr jener Forderung werden, um deren willen der Aussteller die Einlösung des Wechsels fordern darf.

Selten sind praktische Gesichtspunkte so lange und so vollständig durch abstrakte Behandlung des Rechtes, durch ein leeres Spiel mit obendrein falschen juristischen Begriffen verdeckt worden wie bei dieser Frage.

2. Das sogenannte Recht auf die Deckung des gezogenen Wechsels.

Die Literatur der Frage ist ziemlich reichhaltig. Am eingehendsten haben sich Schweizer Juristen infolge ihrer neutralen Stellung zwischen deutschen und französischen Auffassungen mit ihr befaßt. Allein in den Verhandlungen der 42. Versammlung des schweizerischen Juristenvereins wird die Frage noch immer als ein Turnierplatz für Austragung theoretischer Gegensätze der Juristen aufgefaßt — nicht nur durch die Tat: das französische System besteht noch immer nicht in der Schweiz — sondern ganz ausdrücklich [5]. [Erst während der Korrektur dieser Schrift erfahre ich von einem Umschwung. Die kaufmännischen und Bank-Kreise der Schweiz treten jetzt einmütig für das französische Deckungsrecht unter der wissenschaftlichen Führung eines Wieland ein, während ein Teil der Juristen, ebenso wie in Deutschland, sich in die neuen Vorstellungen noch nicht finden kann.]

In der ersten Hälfte des vorigen Jahrhunderts haben sich die Wege der deutschen und französischen Auffassung in dieser Frage getrennt. Die französischen Juristen blieben der Auffassung treu, die so alt ist wie das Indossament des Wechsels selbst, daß Anweisung und Indossement vor dem Akzept mit der Zession durch mehr als äußere Ähnlichkeiten verbunden sind. Die Besonderheit des Indossements, daß ein gutgläubiger Erwerber Wechselgläubiger werden kann, wenn auch sein Vormann es nicht war, wurde als das betrachtet, was sie ist: als

---

[5] Zeitschr. f. Schw. R., Bd. 45, S. 732 f., 793 f. Hier sagt der Berichterstatter Béguelin: »La question de l'appartenance de la provision a fait couler des flots d'encre. Non pas qu'elle ait au point de vue pratique une importance extraordinaire. . . .«

Auf dem Kongreß von Antwerpen (S. 376) bezeichnen dagegen die Vertreter der Bank von Frankreich und andere Bankenvertreter die Aufhebung des Rechtes auf die Deckung als Todesstreich für die Zirkulation des Wechsels. Für den nicht akzeptierten Wechsel ist dies auch ganz richtig.

Ausnahme. Die deutsche Jurisprudenz aber hielt sich an die alte scholastische Regel: Wer gut unterscheidet, lehrt gut, und bemühte sich, den Gegensatz zwischen Indossement und Zession, zwischen Wechsel- und anderen Forderungen so auf die Spitze zu treiben, als ob andere als gestohlene oder durch einen „Windstoß" vom Schreibtische des Ausstellers verwehte Wechsel nur ausnahmsweise im Handel vorkämen. Erst in Grünhuts Handbuch des Wechselrechts finden sich einige sehr wohltätige Ketzereien, die eine Wendung der Anschauungen angebahnt haben. Als die Beratungen des einheitlichen Wechselrechts begannen, lenkten die glänzenden Erfolge des französischen Wechselverkehrs die Augen der Fachleute auf sich. Man konnte wahrnehmen, daß der Eskompte der Bank von Frankreich an kleinen Wechseln den der deutschen Reichsbank um Milliarden überstieg, und man konnte wahrnehmen, daß diese Wechsel nicht akzeptierte Tratten waren. Der Geschäftswechsel des kleinen Mannes, dem sich unsere Zettelbanken vornehm verschließen, muß dort nicht zum Wucherer oder zu der Genossenschaftsbank dritten Ranges flüchten. Es bedarf auch nicht der gekünstelten und oft innerlich illoyalen Organisation des Eskomptes offener Buchforderungen. Dem Deutschen gefielen nun die Geschäfte und der Gewinn der Franzosen; ihm gefielen aber auch seine geliebten Begriffe, das Kriegsspiel zwischen Indossement und Zession, zwischen abstrakter Wechselforderung und materieller Warenforderung. Und er meinte, die Freuden einer spielerischen, weltfremden Begriffsjurisprudenz mit den Freuden eines praktisch geregelten, einträglichen und vor allem sozial nützlich wirkenden Geschäfts verbinden zu können. Was aber nicht geht. Aus geschäftlichen Rücksichten war man von Anfang an bereit, die nicht akzeptierte Tratte der Franzosen zu übernehmen und versprach sich Wunder davon. Aus Liebe zu den Hirngespinsten glaubte man gleichzeitig das Recht auf die Deckung verwerfen zu können. Allein eine Tratte, für deren Annahme niemand haftet, der im übrigen das solideste Geschäft zugrunde liegen mag, eignet sich zum Bankpapier weniger als ein akzeptierter Reitwechsel, solange sie die juristische Spaltmaschine von dem trennt, was ihr ihren Wert gibt, von der Verpflichtung des Bezogenen, sie einzulösen. Als nun im Jahre 1909 die Einladungen des österreichischen Justizministeriums zu den ersten Sachverständigenberatungen ergangen waren, trachtete ich, mit führenden Bankmännern Fühlung zu nehmen und sie zur Annahme des französischen Systems zu bewegen. Allein da war schon alles fertig und abgemacht. Die Trennung des Wechsels von der Warenforderung sollte wie ein nationales Palladium gegen französische Eroberungsgelüste verteidigt werden. Da es nicht zu den angenehmen Dingen gehört, aussichtslose Anträge zu stellen, so begnügte ich mich zu sagen, daß wir gar keinen Grund haben, einen Casus belli darin zu finden, wenn die Franzosen auf dem Recht auf die Deckung bestehen und etwa die Vereinheitlichung des Wechselrechts an dieser Frage scheitern zu lassen, da die nicht akzeptable Tratte[6], die alle ohnedies ein-

---

[6] Hupka in der „Neuen Freien Presse" vom 5. Juni 1913 glaubt festzustellen, daß die französische Jurisprudenz gerade dem Gläubiger der nicht akzeptablen Tratte das Recht auf die Deckung versage und meint, daß nach seinen Feststellungen die Berufung auf das französische Vorbild hinfällig sei. Die Voraussetzung und der Schluß sind irrig. Richtig ist vielmehr nur, daß die herrschende Meinung in Frankreich die nicht akzeptable Tratte ohne affectation spéciale de provision hinter anderen auf Grund derselben Deckung gezogenen Wechselbriefen loziert, was selbstverständlich gegen Landesbergers und meine Bestrebungen nichts beweist. (S. u.) Thaller, Traité de droit comm.³ 1904 No. 1458, Lyon-Caën et Renault, Traité de droit comm. IV⁴ No. 186, Lacour, Précis 1912 No. 1196, Alauzet, Comm. du Code de comm. IV³ 1879 No. 1284. Am sorgfältigsten hat Hamburger (S. o. Anm. 4) § 2 die französische Rechtsanwendung untersucht. Das unantastbare Vorrecht der Tratte, für deren Dienst die Deckung mit Kenntnis des Bezogenen gewidmet ist, wird genau wie in dem alsbald zu besprechenden Vorschlag überall anerkannt. Auch das belgische Wechselgesetz vom

zuführen wünschten, nicht für sich allein der herrschenden Kreditnot abhelfen kann. Entweder das Akzept oder das Recht auf die Deckung ist nötig, um den Wechsel umlaufsfähig zu machen.

Mit seltener Einmütigkeit wurde meine Ketzerei auch in dieser Verklausulierung abgelehnt.

Noch in demselben Jahre habe ich das französische System in Grünhuts Z. 37, 123 verteidigt. (S. o. S. 5.) Insbesondere wendete ich mich gegen den immer wiederkehrenden Gedanken, daß das Recht auf die Deckung mit der abstrakten Natur der Wechselforderung und dadurch mit einem Grundprinzip des deutschen Wechselrechts im Widerspruch steht. Denn der nicht akzeptierende Bezogene, dessen materielle Schuld aus dem Wechselverhältnis der Wechselgläubiger geltend machen darf, ist ja gar nicht Wechselschuldner, also nicht abstrakt verpflichtet.

Im Haag setzten nun die deutschen und österreichischen Vertreter nach heißem Ringen durch, daß die Frage als nicht wechselrechtlich von der gemeinsamen Regelung ausgeschieden und den Gesetzgebungen der einzelnen Staaten vorbehalten wurde. Dieser Versuch, das System der deutschen Wechselordnung zu retten, entbehrt nicht einer gewissen Größe. Diesem System haben es Deutschland und Österreich zu danken, daß das Akzept durch Jahrzehnte die Grundlage des Bankkredits gebildet hat. Gegenwärtig aber sind die geschichtlichen Voraussetzungen dieses in wirtschaftlicher Hinsicht aristokratischen Systems nicht mehr vorhanden. Die schlechtere Usance hat auch hier die bessere verdrängt, wie nach einem bekannten Gesetze der Volkswirtschaft die schlechtere Münze die bessere verdrängt. Das Akzept weist Entartungserscheinungen auf, und vor allem hat der böse Zahler einen so überwiegenden Einfluß auf die Usance gewonnen, daß

---

20. Mai 1872, § 2 Z. 6 gibt besonders interessante Vorschriften, zumal über den Fall der affectation spéciale.

2. Das sogenannte Recht auf die Deckung des gezogenen Wechsels. 15

der Warenschuldner seine Schuld durch kein Akzept mehr decken will. Daher die Diskontierung offener Buchforderung mit ihrem kostspieligen System von Heimlichkeiten und Ausspähungen, daher der Ruf nach der nicht akzeptablen Tratte und daher auch seit dem Jahre 1911 der immer allgemeiner werdende Ruf nach dem Recht auf die Deckung.

In den Wiener Wechselkonferenzen vom Jahre 1911 kündigten die Wiener Banken unter Führung des Generalrats der Anglobank, Professor Landesberger, an, daß sie beantragen würden, von dem Vorbehalt des Übereinkommens im Einführungsgesetze zur einheitlichen Wechselordnung Gebrauch zu machen und unter gewissen Einschränkungen den Wechselgläubiger als Zessionar der Warenforderung des Ausstellers gegen den Bezogenen zu erklären. Der Sinn dieser Bewegung ist kein anderer, als nach dem sogenannten Sieg über das französische System vor ihm die Waffen zu strecken; richtiger: anzuerkennen, was ich schon im Jahre 1909, damals unter allgemeinem Widerspruch, gesagt habe, daß das System der deutschen Wechselordnung aufgegeben wurde, als man die nicht akzeptable Tratte verlangte.

Wie sehr aber diese Bewegung im Geiste der Zeit liegt, zeigt ein vortrefflicher Vortrag O. Glauerts, der etwa anderthalb Monate nach der Wiener Wechselkonferenz von 1911 in der Märznummer des zehnten Bandes des Bankarchivs erschienen ist. In voller Übereinstimmung mit den Wünschen der Wiener Banken, aber gleichfalls noch ohne klare Erkenntnis, daß er auf das französische Recht auf die Deckung lossteuert, schließt Glauert seine Ausführungen mit folgendem dritten Leitsatz:

„Es empfiehlt sich für die Gewerbetreibenden die Haltung eines Bankkontos .... zur Erlangung von Vorschüssen auf der Grundlage der der Bank zu übertragenden Wechsel, in Verbindung mit einem insbesondere dahingehenden Abkommen, daß die in unakzeptierten Wechseln gekennzeichneten Forderungen gegen Dritte durch Girierung solcher Wechsel an die Bank als an sie abgetreten gelten sollen."

Landesberger wie Glauert weisen zur Begründung ihrer Bestrebungen auf die glänzenden Erfolge der Bank von Frankreich hin.

Glauert erwähnt (S. 167, 168), daß bei annähernd gleichem Umsatz (10 Milliarden Mark im Jahre 1909) in Frankreich fünfmal so viel Wechsel in das Portefeuille der Zettelbank gelangt sind als in Deutschland, und daß der durchschnittliche Betrag der in Deutschland von der Reichsbank eskomptierten oder zur Einziehung übernommenen Wechsel vier und einhalbmal so hoch ist als in Frankreich. Er zitiert aus dem Jahresberichte der Bank von Frankreich:

„Der Anteil der kleinen Wechsel an der Gesamtzahl der in Paris angekauften Wechsel beträgt ungefähr 49%, eine Ziffer, die im Verlauf der letzten zehn Jahre nicht aufgehört hat, zu wachsen, und die zeigt, in welchem großen Maße die Bank den Wünschen ihrer Statuten entspricht, die von Beginn an vorschrieben, daß die Vorteile, die sich aus ihrer Gründung ergeben, sich dem Kleinhandel fühlbar machen sollten."

Das französische System hat in den letzten Wiener Sachverständigenberatungen (7. bis 11. März 1913) über das zu erlassende Einführungsgesetz zur einheitlichen Wechselordnung einen denkwürdigen Sieg errungen.

Landesberger vertrat in glänzender Rede nunmehr den Antrag, den er schon im Jahre 1911 angekündigt hatte.

Er fand keinen grundsätzlichen Widerspruch mehr und bei der großen Mehrzahl der Versammlung entschiedenen Beifall. Jedermann fühlte, daß wieder einmal die Sache über das Vorurteil gesiegt hat und daß das französische System alle

2. Das sogenannte Recht auf die Deckung des gezogenen Wechsels. 17

Aussicht hat, bei der nächsten, vielleicht schon in etwa drei Jahren zu gewärtigenden Änderung in wohltätig gemäßigter Form ein Bestandteil des Weltwechselrechts zu werden.

Folgende Fassung berücksichtigt die verschiedenen Anregungen, die nach meiner Empfindung die Mehrheit der Versammlung und insbesondere die maßgebenden Referenten des Justizministeriums für sich gewonnen haben:

„Wenn der Aussteller in einem gezogenen Wechsel, für dessen Annahme er nicht haftet (Art. 9 Abs. 2 EWO.), eine von ihm dem Bezogenen gestellte Rechnung mit Ausstellungsort und Ausstellungstag anführt (Deckung in Faktura von ... u. dgl.[7], so gilt der Wechselgläubiger, [falls der Bezogene ein Kaufmann ist,] als Zessionar der so bezeichneten Forderung, insolange der Aussteller den Wechsel nicht rückgelöst hat. Wenn der Bezogene vom Aussteller die Nachricht empfangen hat, daß er einen solchen Wechsel begeben hat, so hat er dem Wechselgläubiger nur gegen Aushändigung des quittierten Wechsels Zahlung zu leisten. Im Fall einer Teilzahlung ist Art. 38 Abs. 3 der einheitlichen Wechselordnung anzuwenden."

Der in [ ] gesetzte Nebensatz geht auf eine Anregung des Handelsrechtslehrers an der Prager böhmischen Universität von Herrmann-Otavsky, eines der hervorragendsten Schüler des unvergeßlichen Goldschmidt, zurück. Ich selbst lehnte diese Einschränkung jedoch ab.

Sie entspringt der Befürchtung, daß sich der Bezogene einem allzu unbequemen Gläubiger gegenüber sehen könnte, einer Rechtslage, der man nur Kaufleute, die juristisch wehrhafter zu sein pflegen, aussetzen möchte. Man machte geltend, daß der bezogene Warenschuldner, der kein Akzept geben will, wider Willen gewissermaßen vom Wechselnexus erfaßt würde,

---

[7] Die affectation spéciale des französischen und belgischen Rechts.

was freilich nicht zutrifft. Die Bankenvertreter widersprachen nicht und erklärten, daß sie grundsätzlich den Konsumptivkredit von der Eskomptierung ausschlössen.

Allein mir will scheinen, daß die Reform Stückwerk bleiben wird, solange Gesetzgebung und Verkehr die zarte Rücksicht auf den schlechten Zahler nicht abstreifen werden, der nach einigen Prolongierungen, mit der Miene eines Mannes eine Teilzahlung leistet, der seinem Gläubiger eine ungewöhnliche Gnade erweist.

Glauert legt gerade darauf das Hauptgewicht im Interesse des Kleingewerbes, daß die auf den Konsumenten gezogene Tratte bankfähig wird, und mißt gerade diesem Grundsatz einen wesentlichen Anteil an den Erfolgen der Bank von Frankreich zu. Und ich durfte bei den Wiener Beratungen mit um so ruhigerem Gewissen für die schärfere Tonart gegen den schlechten Zahler auftreten, als gerade ich das Interesse des Schuldners gegen die Verkürzung seiner rechtlichen Verteidigung durch Schiedsgerichts= und Gerichtsstandsklauseln bei jeder Gelegenheit zu wahren bemüht war. Allein hier handelt es sich gar nicht um eine rechtliche Verteidigung. Der Bezogene steht ja nicht im Wechselnexus, er kann nicht etwa vor den Gerichtsstand des Wechsels gezogen werden. Keine Einrede wird ihm abgeschnitten oder erschwert, die ihm gegen den Aussteller zustand. Er soll nur das, was er schuldig ist, auch wirklich zahlen.

Dagegen würde ich es begrüßen, wenn der Begriff der „Rechnung" auf Rechnungen über Waren und gewerbliche Arbeiten eingeschränkt, Forderungen aus Darlehnen und Bankgeschäften dagegen ausgeschlossen würden. Dies dürfte auch im Sinne Herrmanns liegen.

Entbehrlich ist selbstverständlich die Einschränkung auf die „nicht akzeptable Tratte". Der Gläubiger der nicht

2. Das sogenannte Recht auf die Deckung des gezogenen Wechsels.

akzeptierten Tratte könnte ebenfalls das Recht auf die Deckung erhalten. Wenn sich die Angriffe der Gegner neuerdings gegen diese Einschränkung richten, so zeigt das nur, daß sie klug genug sind, eine nicht begründete Konzession zu verschmähen. Die Antragsteller wollten nur den Keil beim dünnen Ende eintreiben und nichts verlangen, was der Verkehr nicht dringend braucht.

Unklar ist noch nach österreichischem Recht, wie Zessionen des Ausstellers wirken sollen, die vor der Begebung der Tratte stattgefunden haben. Es ist wohl selbstverständlich, daß das Recht des Zessionars (oder eines Pfandgläubigers oder des pfändenden Gläubigers) dem des Wechselgläubigers vorgehen muß, wenn der Bezogene früher von der älteren Zession oder Pfandnahme als von der Begebung der Tratte verständigt worden ist. Dies wird in der vorstehenden Fassung durch die Worte „dem Wechselgläubiger" im vorletzten Satz angedeutet. Es ist damit gesagt, daß der Bezogene an Personen, die ihr Recht ohne Rücksicht auf den Wechsel darzutun vermögen, ohne Aushändigung des Wechsels zahlen darf. Bedenklich ist dies, wenn deren Recht auf **nicht angezeigter**, also für den Drittschuldner und für den Wechselgläubiger geheimer Zession oder Pfandnahme beruht. Die österreichische Rechtsanwendung fordert — meines Erachtens gegen das Gesetz [8] — keine Denunziation zur Vollendung der Zession, in einer neueren Entscheidung des obersten Gerichtshofs auch nicht zur Vollendung der Verpfändung einer Forderung. Ich kann nur hoffen, daß schließlich sowohl für das Recht des Wechselgläubigers, wie jedes Zessionars das Aviso oder die Denuntiation zum unumgänglichen Erfordernis erklärt werden wird.

Nach deutschem Rechte bedarf es zur Vollendung der

---

[8] Vgl. Hamburger, Grünhuts Z. Bd. 35, S. 120.

Forderungsabtretung keiner Mitteilung an den Schuldner. Hier müßte sich die diskontierende Bank gegen Vorzessionen ebenso schützen wie bisher beim Diskont offener Buchforderungen.

Ein Vorzug der neuen Fassung ist es, daß nicht etwa das einzelne Indossement als Zession erscheint, sondern das Recht auf die Deckung eine Art Zubehör der Wechselgläubigerschaft ist. Dieser technische Fortschritt ist einer Anregung des Vorsitzenden der Wiener Konferenzen, Sektionschef von Schauer, zu verdanken.

Noch droht die Frage der Gebühren der Reform gefährlich zu werden. Allein die Erhebung des Zessionsstempels statt des niedrigen Wechselstempels wäre weder finanzpolitisch noch juristisch gerechtfertigt. Das Recht auf die Deckung wird nicht durch Zession, sondern wechselmäßig erworben und ist wirtschaftlich nichts als ein Ersatz des Akzepts.

Wirtschaftlich bietet die neue Rechtsform gegenüber dem Diskont von Buchforderungen eine Reihe von Vorteilen. Die nicht akzeptierte Tratte kann ihren Weg in das Portefeuille der Notenbank finden. Sie kann daher zu günstigeren Bedingungen und insbesondere zum vollen Betrage diskontiert werden. Sie bietet gegenüber dem Schuldner, der der diskontierenden Bank seine Blöße nicht gern zeigen wird und der es sich wohl überlegen wird, einen Wechsel ohne hinreichenden Grund zurückgehen zu lassen, einen wohltätigen Zwang. Aber auch der Gläubiger-Aussteller wird sich veranlaßt sehen, dem Schuldner günstigere Bedingungen zu bieten und insbesondere seine Forderung keinen begründeten Einwendungen durch schlechte Lieferung auszusetzen, da er fürchten muß, nicht nur den Wechsel zurückzuerhalten, sondern auch der kreditgewährenden Bank gegenüber bloßgestellt zu werden. Ich durfte in der Konferenz sagen, daß in dieser Sache sich das Interesse der Banken mit dem der kaufmännischen Moral deckt.

Vom Standpunkte juristischer Dogmatik ist die geplante Bestimmung für Österreich keine Neuerung. Der § 1408 des ABGB. behandelt eine Assignation nach dem Maße der Schuld des Assignaten an den Assignanten als Zession. Es fehlte dieser Bestimmung und überhaupt dem österreichischen Anweisungsrechte nur an Juristen, die sie verstanden und angewendet hätten. Das Leben selbst führt uns nun zu diesen Bestimmungen gerade in dem Zeitpunkte zurück, wo wir undankbar genug sind, sie amputieren zu wollen.

3. Die inakzeptable Tratte mit Deckungsrecht.
(Aus dem „Neuen Wiener Tagblatt" vom 16. und 18. Juli 1913.)

Unsere großen Banken sind bereit, das Joch, das die allgemeine Kreditnot dem kleinen und mittleren Gewerbsmann auferlegt, zu erleichtern. Dieser soll es künftig auch so gut haben wie der französische Geschäftsmann, dessen Kundenwechsel von 50 Franken aufwärts das Milliardenportefeuille der Bank von Frankreich gegen mäßigen Zins füllen. Dazu bedarf es aber einer Hilfe der Gesetzgebung, die diesem Kundenwechsel auch rechtlich den Wert sichert, der ihm wirtschaftlich zukommt. Der Inhaber eines solchen Wechsels muß, da dessen Akzept nicht zu erreichen ist, Herr der Warenforderung werden, auf die sich der Wechsel gründet. Das Unrecht muß beseitigt werden, daß heute der Inhaber eines nicht akzeptierten Warenwechsels gegen den Bezogenen rechtlos ist. Er hat ja durch Ankauf des Wechsels die Warenforderung bezahlt; ihm gebührt sie. Daran hält die französische Praxis seit mehr als achtzig Jahren unverrückbar fest. Sie hat damit der Volkswirtschaft Frankreichs vielleicht den größten Dienst geleistet, den jemals eine Volkswirtschaft der Rechtskunst zu danken hatte. Ich habe das französische System seit fünf Jahren in Wort und Schrift unablässig vertreten. Meinem Wunsche winkt Erfüllung, der

Kreditnot wirksame Hilfe, seit eine Reihe großer, von wirtschaftlich weitsichtigen Männern geleiteter Banken die Sache zu der ihren gemacht hat; ein Umschwung, der sich im Jahre 1911 vollzogen hat. Der Kreditwerber soll auch bei uns nicht mehr genötigt sein, sich einer bestimmten Gesellschaft mit Haut und Haar zu verschreiben, ihr vorbehaltlosen Einblick in seine wirtschaftlichen und persönlichen Verhältnisse zu gewähren, einen Fragebogen auszufüllen, gegen den die beliebten Drucksachen der Steuerbehörden ein wahres Muster von Diskretion sind, beschämende und doch für diese Kreditform unentbehrliche Revisionen zu dulden und dafür an Zinsen und Provisionen Prozentsätze zu bezahlen, die den Schuldner zwingen, lediglich für das Kreditorenkonto zu arbeiten [9]. Er soll künftig mit der Rimesse, die er für redlich gelieferte Waren abgibt, seine Schulden begleichen können oder als wirtschaftlich freier Mann vor den Bankschalter treten, und wenn ihn die Bedingungen der einen Bank zu sehr drücken oder, wenn er abgewiesen wird, sich an eine andere Bank wenden können. Denn er bringt ein umlaufsfähiges Papier, das mit der nötigen Zahl von Unterschriften versehen, wie in Frankreich, zur Notenbank freien Pfad finden wird. Er soll nicht Sicherheiten geben müssen, die ihn für jeden anderen Gläubiger kreditunwürdig machen,

---

[9] Nach den eingehenden, überall auf offizielle und offiziöse Veröffentlichungen aus dem Kreise des Buchforderungseskomptes gestützten Berechnungen Hamburgers in der S. 8 Anm. 4 angeführten Schrift dürfen die Kosten des Buchdiskonts der besseren Genossenschaften in Österreich mit durchschnittlich 8% über der Bankrate veranschlagt werden. Die Mitteilung der Geschäftsbedingungen und Rechenschaftsberichte teuererer Genossenschaften zu wissenschaftlichen Zwecken wird verweigert. (S. auch Hamburger Anm. 128.) Gleichwohl wird diese Kreditform von Weishut, „Neue Freie Presse" vom 24. und 28. Mai 1913, und Hupka, „Neue Freie Presse" vom 5. Juni, auch wegen ihrer geringen Kosteren verteidigt. Dagegen überzeugend Hamburger § 4.

3. Die inakzeptable Tratte mit Deckungsrecht.

er soll nicht zu unverhältnismäßig hohen Beträgen Anteile von Genossenschaften erwerben müssen, die ihn in gefährliche Haftungen verstricken und deren Nutzen von vornherein unter dem Titel von Verwaltungsauslagen für andere Zwecke mit Beschlag belegt ist. Er soll endlich in Hinkunft seine Rimesse mit einem Zinsabzug, der sich um $1/2-1\,1/2\,\%$ über den Banksatz bewegen dürfte, von der eskomptierenden Bank ausbezahlt erhalten, während er heute nach Gewährung von Sicherheiten, die seinen Kredit untergraben, nur etwa $70\,\%$ seiner Forderung als Eskomptevaluta erhält. Kurz, der Markt, die Welt soll ihm offen stehen, statt daß er heute praktisch und oft auch rechtlich an eine bestimmte Kreditgesellschaft gebunden ist, die er überdies in Österreich aus einem kleinen, organisierten Kreis von Kreditgebern wählen muß.

Allein nicht nur das Schicksal des Kreditwerbers läßt mich eine Änderung der Formen des Buchkredits wünschen. Diese Formen bedrohen auch den allgemeinen Verkehr.

In erster Linie sind die Gläubiger des Diskontanten, in zweiter Linie der Drittschuldner gefährdet.

Je vollendeter in technischer Hinsicht die Verbindung zwischen der diskontierenden Bank und dem Diskontanten ist, desto mehr kommt die Einräumung des Kredits wirtschaftlich „einer Beteiligung am Geschäfte oder doch seiner Finanzierung gleich". (Hacker, „Technik des Buchforderungseskomptes", 17.) Ein solcher übermächtiger Gesellschafter, dem jeder Umsatz zinst, der sich der Rechtsform der Zession bedient, genießt auf Kosten der Warengläubiger des Diskontanten zwei Vorteile, ohne die sein Betrieb nicht bestehen kann, die aber doch sehr anfechtbar sind, da sie auf dem Widerspruch zwischen Rechtsform und Rechtsinhalt beruhen. Er ist nicht an Verlusten beteiligt und er schließt im weiten Umfange die anderen Gläubiger von dem Zugriff auf das Vermögen des Diskontanten aus. Der

Betriebskredit sichert sich auf Kosten des Warenkredits. Das ist gegen jede gesunde Rechtspolitik. In den Lehrbüchern der römischen Rechtsgeschichte ist zu lesen, wie das römische Kreditwesen zur Zeit des Verfalls des Reiches und des Rechtes von der Generalhypothek unterwühlt wurde, die das schuldnerische Vermögen als Ganzes erfaßt. Nicht bloß, wie ein altes Wort sagt, die Latifundien, sondern auch die Generalhypotheken haben Rom zugrunde gerichtet. Die Generalhypothek, die die Aufsaugung der kleineren Unternehmung durch den Großkapitalisten fördern würde, widerspricht dem Geiste des deutschen Rechtes und ist heutzutage gesetzlich durch den Grundsatz der Spezialität des Pfandrechtes verdrängt. Ihre Rolle hat aber leider in Deutschland die Sicherungsübereignung ganzer Warenlager, in Deutschland und Österreich die Übertragung der Fakturen übernommen, die noch mit der Verpfändung der verschiedensten Wertobjekte des Vermögens, der Grundstücke und Wertpapiere verbunden sein kann[10]. Nicht bloß im Konkurse zeigen sich die Schäden. Die Tendenz dieser Eskomptetechnik ist, daß die Warenforderungen des Diskontanten allgemein zugleich zediert und nicht zediert sein sollen; **nicht zediert**, sondern höchstens verpfändet im inneren Verhältnis zwischen der Bank, dem Drittschuldner und dem Diskontanten, dem meist das Inkasso verbleibt; — **zediert**, sobald ein Gläubiger die Forderung pfänden will. An Stelle der klaren Verpfändung tritt die Sicherungsüberweisung der Forderung, bei der ein außenstehender Gläubiger

---

[10] Unsere Gesetzgebung möchte ich darauf hinweisen, daß ein französisches Gesetz vom 17. März 1909 die Rechts- und Interessenkreise des Betriebskredits von denen des Warenkredits in nachahmenswerter Weise sondert. Dem Betriebskredit dient der Wert des Unternehmens, dem Warenkredit die Ware und die an ihre Stelle getretene Warenforderung zur Grundlage. Das Deckungsrecht der Tratte wurde von der französischen Gesetzgebung nach schweren Kämpfen auch bei dieser Gelegenheit gegen großkapitalistische Tendenzen gesichert.

3. Die inakzeptable Tratte mit Deckungsrecht.

nicht bloß bis zur Höhe des Pfandbetrages, sondern ganz und gar von der Forderung ausgeschlossen ist. Ganz entgegengesetzt wirkt die nichtakzeptable Tratte mit Deckungsrecht. Sie sichert dem Warenkredit in der Regel den Vorzug vor dem Betriebs- und Bankkredit, bei der Befriedigung aus dem Gegenwert der Warenforderung [11].

Man vergleiche die Beschaffung des Kredits nach dem Buchestomptesystem und nach dem vorgeschlagenen System an folgendem, typischem Beispiel: Der Getreidehändler liefert dem Müller Getreide, der Müller liefert dem Bäcker das Mehl aus eben diesem Getreide. Der Bäcker wird dem Müller, der Müller dem Getreidehändler 1000 K schuldig. Beim Müller findet sich als Gegenwert seiner Schuld nacheinander das Getreide, sodann das daraus gewonnene Mehl, sodann (nach dem Verkauf) die Forderung an den Bäcker auf 1000 K. Das wirtschaftliche und juristische Ideal ist, daß die Rohwaren, das Industrieprodukt, dann der durch den Verkauf in das Vermögen des Bäckers getretene Außenstand dem Getreidehändler und mittelbar demjenigen, von dem dieser gekauft hat, haftet. Nach unserem Vorschlag wird nun in der Tat der Bäcker auf seinen Großkunden eine Tratte mit Deckungsrecht ziehen, der Bäcker wird mit der Tratte auf seinen Großkunden den Müller, dieser mit derselben von ihm girierten Tratte den Getreidehändler, dieser vielleicht mit derselben Tratte, seinen Lieferanten bezahlen, und dann wird die Bank dieses zwar nicht akzeptierte, aber mit dem Deckungsrecht und einer Anzahl guter Unterschriften versehene Papier diskontieren, bei der Zettelbank rediskontieren, und diese wird es zur Einlösung bringen. Der Wechseldiskont krönt das Gebäude des Kredites, während der Buchdiskont

---

[11] Eine ähnliche Ausnahme wird durch den leider vereinzelten Vorgang der Deutschen Bank begründet, die dafür sorgt, daß die Diskontvaluta zur Bezahlung der Warengläubiger verwendet wird.

alle Stockwerke besetzt hält. Nach dem System des Buches-
komptes und andrer bei uns üblichen Kreditformen sind die
einzelnen Glieder dieser Kette von Forderungen, die vom Land-
wirt und Getreidehändler, Müller und Bäcker zu dessen Großkunden reicht, Gegenstand besonderer Kreditoperationen. Es
wird nämlich jede dieser vier Forderungen an verschiedene
Stellen zediert, und dient nicht mehr den Vormännern in der
Kette der Produktion, sondern einer der Kreditstellen zur Sicherheit. Man berechne aber auch die Kosten eines solchen mehr-
fachen Buchkomptes.

Die zweite Gefahr, die sich gegen den Drittschuldner
richtet, liegt darin, daß auch diesem gegenüber oft nicht klar
Farbe bekannt wird. Man sagt ihm, daß die Forderung zediert
ist, und sagt es ihm doch wieder nicht. Man gebraucht mitunter Wendungen, die man nur entdecken und verstehen kann,
wenn man die Faktura wie eine Sanskrithandschrift studiert,
da doch eine rote Stampiglie, wie sie mitunter (meines Wissens in
Deutschland) üblich ist, auf der Faktura einer redlichen Ver-
ständigungsabsicht so sichere Dienste leisten würde. Die Verständigung wird, um die Scham des Zedenten zu schonen, vor dem zu
Verständigenden verheimlicht! Deshalb wird das Inkasso dem
Zedenten tatsächlich oft überlassen, in der jetzt von Direktor
Hacker (S. 13 a. E.) ganz unbefangen ausgesprochenen Meinung,
daß der Drittschuldner nochmals zahlen muß, wenn der Zedent
die empfangenen Beträge nicht abliefert.

Von den diskontierenden Gesellschaften geht ein heftiger
Widerstand gegen die nichtakzeptable Tratte aus. Ich begrüße
diesen Widerstand, denn die daran sich knüpfenden Erörterungen
haben Gelegenheit gegeben, in den Kreisen des Buchkomptes
selbst der neuen Kreditform Anhänger zu werben, die die
Mängel des alten Systems nur mit Unmut ertragen. (S. Wolf-
rum im „Österr. Volkswirt" v. 21. Juni 1913.) Die Gegner-

3. Die inakzeptable Tratte mit Deckungsrecht.

schaft, die unser Gedanke bei den eskomptierenden Instituten überwiegend findet, hat einer unserer hervorragendsten Rechtsgelehrten mit einer köstlichen historischen Erinnerung treffend gekennzeichnet. Er verglich diesen Kampf im Gespräche mit dem Kampf der Campsoren (Wechsler) vor drei Jahrhunderten gegen das neu aufkommende Indossement. Die Campsoren wollten den alten Zustand erhalten, bei dem ihnen jede Wechselbegebung zinspflichtig war, weil jedesmal ein neuer Wechsel gegen reichliche Provision und Zinsen ausgestellt und eingezogen werden mußte. Die Gesetzgebung verbot fügsam das Indossement oder schränkte die Zahl der Indossemente ein. Es entbehrt dabei nicht der Pikanterie und lehrt uns, wie erfolglos der Kampf gegen den Willen der Geschichte ist, daß infolge dieser Einschränkungen der Namen des Indossatars vielfach nicht in das Indossement eingesetzt wurde. Das Blankoindossement, die übertragungskräftigste Form des Indossements, war erfunden, war von den Gegnern der Wechselübertragung dem Verkehr aufgedrängt worden.

Die Wechsler aber haben seither gelernt, daß man auch am Indossement Geld verdienen kann; und so werden auch die Gegner des Gedankens, der Landesberger eine eminent praktische Form verdankt, hoffentlich bald seine Früchte genießen, die nicht bitterer sein werden, weil sie nicht von entwürdigten und unter schwerem Drucke stehenden Klienten stammen werden.

In den letzten Wochen hat sich der Wiener Rechtslehrer, Professor Hupka, in der „N. Fr. Pr." vom 5. Juni 1913 gegen unsere Vorschläge gewendet. Er bringt Mitteilungen aus dem französischen Recht, aus denen er den Schluß zieht: „Diese Feststellungen machen die Berufung auf das französische Vorbild hinfällig." An dieser Stelle kann ich diesen Feststellungen nur ein ruhiges und bestimmtes „Nein" entgegensetzen. (S. o. Anm. 6). Der Vorschlag Landesberger ahmt das französische

Recht nicht sklavisch nach, begegnet sich aber mit ihm in der überzeugendsten Weise, weil eben bei uns und in Frankreich die gleichen Triebfedern der Entwicklung wirken. Nur geht das französische Recht — nicht durchaus zu seinem Vorteil — sehr viel weiter als die Lex Landesberger, während Hupka von dem „minder bedeutsamen französischen Deckungsrecht" spricht[12].

In jüngster Zeit ist, wie Hupka hervorhebt, die Rechtssicherheit des Buchesfomptes gewachsen. Allein, wer genießt diese Rechtssicherheit?

Gesichert ist immer nur die eskomptierende Bank, während wir auch die Warengläubiger sichern möchten. Auch die Evidenzzentrale sichert nur die ihr angeschlossenen Institute gegen Mißbräuche, nie aber den allgemeinen Verkehr. Richtig bemerkt Hupka ferner, daß die Warengläubiger eines seine Forderungen an eine Bank zedierenden Schuldners „zu ihrer Überraschung" in dessen Konkurs keine Außenstände vorfinden. Allein wenn er annimmt, daß die Tratte mit Deckungsrecht gegen solche Überraschungen nicht schützt, so stehen dem doch sehr gewichtige und praktisch entscheidende Erwägungen entgegen. Hupka selbst fürchtet ja — was ich freilich hoffe —, daß dereinst „die Buchforderungstratten gewiß in großer Zahl an Warengläubiger und andere Personen als Zahlungs- und Kreditmittel remittiert werden".

Die Warengläubiger aber, die diese Tratten nach Hupka gewiß zu erlangen wissen werden, können doch nicht „überrascht" sein, wenn sie die Außenstände ihres Schuldners nicht in der Konkursmasse finden, sondern dort, wohin sie gehören, in ihrem eigenen oder in ihres Gläubigers oder in ihrer Bank Portefeuille. Sie werden sich schwerlich nach den Fleischtöpfen des Buchesfomptes zurücksehnen.

---

[12] Dagegen mit großer Genauigkeit Hamburger § 2, II a. E.

3. Die inakzeptable Tratte mit Deckungsrecht.

Ich habe gezeigt, daß der früher erwähnte Vergleich eines Altmeisters unserer Wissenschaft zwischen den das Indossement des Wechsels bekämpfenden Campsoren und unseren das Deckungsrecht bekämpfenden Kreditstellen bis auf das letzte Tüpfelchen zutrifft. Unsere Kreditstellen wollen, wie jene Campsoren, an jeder Waren- und an jeder Kreditbewegung vom Urproduzenten bis zum Einzelverschleißer beteiligt sein. Und sie sind es wirklich, als ob das Indossement noch immer nicht erfunden wäre. Für unseren Warenkredit muß es infolge der Zurückdrängung des Akzeptes nochmals erfunden werden. Die inakzeptable Tratte mit dem Deckungsrecht ist diese Erfindung.

2.
Wesen und Zukunft des Schecks.
(Aus dem „Tag" vom 29. April und 5. Mai 1909.)

Der Wechsel ist ein allen Kulturrechten der Neuzeit gemeinsames Rechtsinstitut; er bietet dem Verkehr die urkundliche Form für eine besonders strenge und absatzfähige Forderung. Die Absatzfähigkeit der Forderung, zumal einer Geldforderung, ist die Grundbedingung jedes entwickelten Kreditsystems. Sie bewirkt, daß der Gläubiger das Kapital, dessen Gebrauch er dem Schuldner zur Verfügung stellt, nicht selbst bis zur Zahlung entbehren muß; denn er vermag die absatzfähige Forderung jederzeit durch Verkauf zu Geld zu machen. Die Sätze des Wechselrechts, wie überhaupt des Wertpapierrechts sind stets auf Erhöhung der Umlaufsfähigkeit des Wertpapiers zugespitzt.

So verschieden sich nun auch infolge dieser Rechtssätze die Übertragung eines Wechsels von der Abtretung einer gewöhnlichen Forderung, z. B. einer Kaufpreisforderung, gestaltet, in einem Punkt stimmen alle Arten der Begebung einer Forderung überein: der Gläubiger überträgt die Forderung in der Gestalt, wie sie ihm zusteht, ohne den Schuldner zu fragen, auf einen Dritten. Daß dies in aller Regel zulässig ist, erscheint uns selbstverständlich; es hat aber einer jahrhundertelangen Entwicklung bedurft, bis das Recht eine solche freie Loslösung der Forderung von der Person des Gläubigers zuließ, und in der gewöhnlichen (nicht durch Indossement bewirkten) Forderungsabtretung sind die Spuren eines Rechtszustandes noch deutlich wahrnehmbar, wo der Gläubiger nicht die Forderung selbst übertragen, sondern nur einen anderen mit seiner Vertretung in der Eintreibung betrauen konnte. Daß die freie Begebbarkeit der Forderung ebenso erfunden werden mußte wie die Lokomotive oder das Telephon, ist eine Übertreibung, die jedoch der Wahrheit näherkommt als die Empfindung des Laien, das sich die Begebbarkeit der Forderungen von selbst versteht.

Vollends die wertpapiermäßige Übertragung von Forderungen durch Übergabe von Hand zu Hand einer die Forderung verbriefenden Urkunde, mit oder ohne Verzeichnung des Rechtsüberganges auf dieser Urkunde und ohne jede Verständigung des Schuldners, hat sich erst nach jahrhundertelangen Wehen und Kämpfen durchgerungen. Und ohne diese an die Urkunde gebundene Begebung ist eine massenhafte Begebung von Forderungen, eine massenhafte Übertragung bestehender Forderungen von einer Hand in die andere nicht denkbar.

Wäre nun die geschilderte Begebung von Forderungen die einzige mögliche Art des Umsatzes von Forderungen, so hätte dem Altertume und dem Mittelalter, ja selbst dem Beginn der Neuzeit ein Massenumsatz von Forderungen unbekannt bleiben müssen. So spät ist nämlich die wertpapiermäßige Begebung, insbesondere das Indossement aufgekommen. Allein dem Umsatze von Forderungen dienen außer der Begebung der Forderung in ihrer einmal gegebenen Gestalt noch andere Vorgänge, für die ich den Namen „Erneuerung der Forderung" in Ermangelung eines besseren festhalte.

Die Sache und das Wort bedürfen der Erklärung. Der einfachste dieser Vorgänge ist der folgende: Der Gläubiger nimmt auf die Aussicht, selbst befriedigt zu werden, Kredit. Wenn B weiß, daß A am 1. Mai 1000 Mk. in Berlin bekommen wird, kann er dem A leicht 1000 Mk. leihen, die gleichfalls am 1. Mai in Berlin fällig sind. Dem B mag in gleicher Weise der C leihen, dem C der D; wenn der Schuldner des A dem D zahlt, so sind die Forderungen des A, B, C und D getilgt. Die Sache steht im Endresultat so, als ob der A seine Forderung an B, dieser an C, dieser an D begeben, und D sie bei dem Schuldner des A einkassiert hätte. Auf diesem Vorgange beruhen die allgemeinen Zahltage, und in ihm ist schon der Grundgedanke des Abrechnungswesens enthalten, auf dem der heutige Scheckverkehr beruht.

Ein anderes Mittel des Forderungsumsatzes durch Erneuerung bietet die Anweisung. Die Anweisung war ein Mittel gewaltiger Forderungsumsätze schon bei verhältnismäßig primitiven Rechtszuständen, die der Entwicklung der Zession und insbesondere des Indossements vorausgingen, und bildet heute noch die Grundlage des modernen Scheckwesens. Der Gläubiger begibt hier nicht seine Forderung gegen den Schuldner, sondern er weist den Schuldner an, die Forderung an deren Erwerber als eine neue einzuräumen.

Vergleicht man diesen Vorgang der Einräumung einer neuen Forderung an den Erwerber auf Grund einer Anweisung mit der Begebung einer Forderung durch Indossement, so scheint auf den ersten Blick im Auftreten des Indossements ein Fortschritt zu liegen, der die Anweisungen ganz entbehrlich macht.

Beim Indossement braucht nämlich der Schuldner von dem Vorgange gar nicht verständigt zu werden, geschweige denn mitzuwirken; das Schicksal der Forderung kümmert ihn nicht vor Verfall. Und doch sehen wir den Forderungsumsatz durch Erneuerung auf Grund von Anweisungen siegreich den Platz durch Jahrhunderte behaupten und heute im Vordringen des Schecks auf Kosten des Wechsels zu neuer Blüte gelangen. Die Tatsache wird allenthalben festgestellt, ihre Gründe sind nicht klar erkannt. Die Übertragung durch Erneuerung ist nämlich handelsmäßiger und elastischer als die Übertragung durch Begebung.

Bei der Begebung einer Forderung behält die Forderung immer ihre ursprüngliche Gestalt und kann sich nicht, wenn sie von Hand zu Hand geht, dem Bedürfnis der neuen Hand anpassen.

Wenn ich ein Akzept über 5000 Mk. habe, so muß ich beim Umsatz durch Begebung einen Eskompteur suchen, der ein Akzept über 5000 Mk. braucht.

Anders bei dem Forderungsumsatz durch Erneuerung. Bei diesem kann infolge Mitwirkung des Schuldners die Forderung, so wie sie von Hand zu Hand geht, immer eine Veränderung insbesondere in bezug auf ihre Größe erleiden. Wenn ich ein Scheckguthaben von 5000 Mk. besitze und dieses umsetzen will, brauche ich nicht erst einen Abnehmer zu suchen, der eine Forderung über 5000 Mk. erwerben will; ich kann fünf Schecks zu je 1000 Mk. oder sonst beliebige Teilsummen ziehen. Der Erwerber solcher 1000 Mk., die dann zu seinem Bankguthaben werden, kann abermals in beliebigen Summen darüber verfügen. So kann jeder Gläubiger die Forderung in beliebigen Summen abheben, wie sie das jeweilige Zahlungsbedürfnis erfordert. So erklärt sich die oft wiederholte, aber schiefe Behauptung, daß der Wechsel dem Kreditverkehr, der Scheck dem Zahlungsverkehr diene. Daran ist so viel richtig, daß nur der Scheckverkehr die Eignung besitzt, sich dem Bedürfnis der Verfügung über jede Summe anzupassen. Die Begleichung der verschiedensten Schulden in Mark und Pfennigen, wie sie das Leben hervorbringt, bildet für den Scheckverkehr keine Unbequemlichkeit. Im übrigen werden Forderungen auch mit Wechseln bezahlt, und der Scheckverkehr ist die billigste Kreditquelle der Banken, da die Scheckkunden Bankguthaben halten müssen.

Eine einfache Betrachtung zeigt, daß der Forderungsumsatz durch Erneuerung trotz des hervorgehobenen großen Vorzuges niemals ohne ergänzende Einrichtungen seine weltumspannende Bedeutung oder auch nur überhaupt eine größere Bedeutung haben könnte. Anweisungen, die wie der Scheck in kurzer Zeit vom Angewiesenen genehmigt werden müssen, werden, solange nicht solche Einrichtungen getroffen sind, nur von Personen in Zahlung genommen, gesucht und erworben werden, die an dem Ort des Angewiesenen wohnen und überdies mit ihm in Geschäftsverkehr stehen, für andere Personen wäre die Mitwirkung des Angewiesenen offenbar viel zu schwerfällig. Ein Anweisungs- und Scheckverkehr wird sich daher zunächst unter den Gläubigern eines und desselben großen Bankinstituts herausbilden. Er wird aufhören, an bestimmte Orte gebunden zu sein, wenn solche Bankinstitute an vielen Orten Filialen haben, wie die Deutsche Reichsbank, und zumal die Postsparkasse, wo eine solche besteht.

Der auf Erneuerung beruhende Anweisungsverkehr kann aber auch den Kreis der Kunden einer einzigen Anstalt verlassen. Dann muß aber unter den Bezogenen eine bestimmte Organisation bestehen, die den Kreis der Bezogenen gegenüber dem Kreis der Anweisenden als eine Einheit erscheinen läßt. Diese Organisation muß darin gipfeln, daß jedes Mitglied des Kreises der Bezogenen bereit ist, die Honorierung der auf ein anderes Mitglied gezogenen Anweisungen zu erwirken, und diese Aufgabe wird jedes Mitglied des Kreises nur dann übernehmen können, wenn es mit den anderen Mitgliedern mittelbar oder unmittelbar in einem regelmäßigen Geschäfts- und Abrechnungsverkehr steht.

Für die Teilnehmer des Abrechnungsverkehrs ist eine abrechnungsfähige Forderung wertvoller als bares Geld; denn sie können eine solche Forderung zur Zahlung anderer gegen sie gerichteter abrechnungsfähiger Forderungen verwenden, ohne sie erst wie das Bargeld zählen und insbesondere versenden zu müssen. Eine solche Forderung trägt ferner von der Gutschrift bis zur Abrechnung häufig Zinsen, während das Bargeld eine Zeitlang ungenutzt zum Zwecke der Zahlung aufbewahrt werden müßte. Überdies leistet der Bankier durch Übernahme und Erwerb einer solchen Forderung seinem Kunden, der selbst nicht im Abrechnungsverkehr steht, einen Dienst, der durch Provision und in anderer Form vergütet wird. Endlich gewinnen die Mitglieder des Abrechnungsverbandes durch die Konzentration der Kredit- und Zahlungsgeschäfte in ihren Händen eine Art Kontrolle über den Geldmarkt, ähnlich wie die Terminhändler, die ja auch Abrechnungsverbände bilden, über den Warenmarkt, ja es liegen im Abrechnungsverbande bereits Ansätze zu einer Kartellierung, und gerade die despotische Herrschaft solcher Abrechnungsverbände im Mittelalter, die Höhe der von ihnen geforderten Provisionen, der Umstand, daß ihnen jeder einzelne Umsatz einer Forderung tributpflichtig ist, hat zur Entstehung des Indossements geführt.

Das Indossement hat dann die Demokratisierung und Dezentralisierung des Kreditwesens bedeutet, so wie heute das neuerliche Vordringen des Schecks, des Anweisungsverkehrs, überhaupt des Forderungsumsatzes durch Erneuerung mit der von Rießer sogenannten Bankenkonzentration, mit der Vorherrschaft mächtiger Gruppen im Kredit- und Zahlungswesen eng zusammenhängt. Immerhin kann der kurzlebige, auf stete Erneuerung berechnete Scheck seinen Wettkampf mit dem Wechsel und dessen Indossement nur bestehen, wenn sich zu seinen anderen Vorzügen der Vorzug der Billigkeit jeder einzelnen Erneuerung gesellt. Der Wechsel mit seiner langen Laufzeit und Eignung für viele Umsätze verträgt einen erheblichen Wechselstempel; der Scheck kann nur einer minimalen Gebühr unterworfen werden, oder er bleibt ganz stempelfrei, denn er dient nur einem oder sehr wenigen Umsätzen.

Will der Remittent über den Vermögenszuwachs neuerdings verfügen, so muß er einen neuen Scheck auf seinen Bankier ausstellen, der ihm den eingelieferten Scheck gutgeschrieben hat. Der Empfänger des neuen Schecks muß ebenso verfahren; es ist klar, daß nicht jede einzelne dieser Erneuerungen kostspielig sein darf, wenn sie sich neben dem ganz kostenlosen Wechselindossement behaupten will. Die Banken gewähren aus demselben Grunde häufig provisionsfreie Konti und begnügen sich mit dem Vorteile, die Scheckguthaben gar nicht oder sehr niedrig verzinsen zu müssen. Dieser Nachteil großer Zinsverluste beim Scheckgeschäft gegenüber den erheblichen Eskomptezinsen beim Wechselgeschäft scheint vom Scheck unzertrennbar. Denn das Scheckguthaben muß — so lautet das Dogma — jederzeit dem Scheckkunden zur Verfügung stehen. Der Gewinn der Banken beruht auf dem Erfahrungssatz, daß immer ein großer Teil der Scheckguthaben stehen bleibt. Immerhin müssen die Banken stets erhebliche Barvorräte für den Scheckdienst bereithalten, und namentlich in kritischen Zeiten, wie in der jüngst vergangenen Zeit des hohen Zinsfußes, wird diese Notwendigkeit schwer genug empfunden, oder es erweist sich die Hoffnung auf das Stehenbleiben eines großen Teiles der Scheckguthaben sogar trügerisch, wie in der amerikanischen Krise des Jahres 1907.

Der folgende Vorschlag zielt darauf ab, auch diese Nachteile zu beseitigen oder zu mildern und die Banken in den Stand zu setzen, ihren Scheckkunden noch größere Vorteile als bisher zu gewähren. Insbesondere soll durch diesen Vorschlag den Privatbanken ihr Wettbewerb mit der Reichsbank trotz deren unerschöpflichen Mitteln erleichtert werden. Es ist nämlich ein Vorurteil, daß der Scheckverkehr ohne Möglichkeit sofortiger Verfügung über das Scheckguthaben nicht gedacht werden kann. Tatsächlich gehört es in wirtschaftlicher Hinsicht zum Wesen des Scheckverkehrs, daß ein großer Teil der Schecks nicht bar ausbezahlt, sondern durch Gutschrift erledigt wird. Der Verrechnungsscheck steht im Verkehr ebenbürtig neben dem Zahlungsscheck. Der Scheckkunde büßt also die Zinsen nicht ein, weil er tatsächlich bar abhebt, sondern bloß, weil er sofort bar abheben d a r f. In vielen Fällen hat aber dieses Recht für die Scheckkunden gar keinen Wert. Da dieses Recht aber für die Banken keineswegs bequem und ungefährlich ist, so könnten sie dessen Einschränkung von einem Teil der Scheckkunden gegen Gewährung von Zinsen und anderen Vorteilen erkaufen. Darauf beruht mein Vorschlag. Er geht dahin, daß die Banken Guthaben einrichten, die folgenden besonderen Bedingungen unterliegen:

Es werden in der Regel nur sogenannte Verrechnungs- oder Überweisungsschecks über diese Guthaben honoriert. Ist der Präsentant des Schecks kein Girokunde des Scheckbezogenen, so erhält er dennoch keine Barzahlung, sondern es wird ihm ein Konto eingeräumt. Dabei wird vielleicht die Bestimmung praktisch sein, daß Personen, die nicht Girokunden sind, eine Honorierung des Schecks durch Einräumung eines Kontos nur erlangen können, wenn das Konto gleich zu Anfang einen bestimmten Betrag erreicht, so daß die vorgeschlagene Einrichtung sich für den Kleinverkehr unter Nichtgirokunden nur bei Zuhilfenahme eines Bankiers eignet. Über das neue Guthaben kann gleichfalls wieder nur durch Überweisungsschecks verfügt werden. Nur ein- oder zweimal im Jahre, einige Zeit nach den großen Zahlungsterminen von Anfang und Mitte des Jahres, also etwa vom 1. bis 8. Februar und vom 1. bis 8. August, können die Guthaben bar abgehoben werden, jedoch nur gegen mehrwöchige Kündigung.

Damit wäre dem Bedürfnis nach Bargeld zur Zeit der großen Zahlungen der Geschäftswelt und auch der Konsumenten Rechnung getragen. Diese Zahlungen könnten dann bar oder durch Zahlungsschecks oder durch Verrechnungsschecks aus solchen Guthaben geleistet werden. Die Vermutung dürfte nicht zu optimistisch sein, daß auch in diesen Terminen der Verrechnungsscheck vorherrschen würde. Durch diese Einrichtungen würde der Bankverkehr an Sicherheit gewinnen und das Scheckwesen von großen Zinsverlusten befreit.

Noch mehr Gewicht lege ich darauf, daß sie meines Erachtens zu einer ungeahnten Erweiterung des Scheckverkehrs führen würden. Mein Vorschlag scheint mir ein Mittel, das Trägheitsmoment zu überwinden, das der Verallgemeinerung des Scheckwesens auf dem europäischen Kontinente so empfindlich im Wege steht. Es erweist nämlich dem Empfänger solcher Schecks, der nicht schon im Scheckverkehr steht, die Wohltat, ihn zum Scheckkunden wider Willen zu machen.

Ganz falsch ist die Einwendung, daß der Empfänger den Scheck nicht annehmen wird, weil er Bargeld braucht; denn das Scheckkonto, das der Empfänger erhält, ist so gut wie Bargeld, da es in Teilbeträgen für neue Verrechnungsschecks verfügbar ist; ja es ist sogar besser als Bargeld, falls es verzinst wird, wenn nur der Kredit des Scheckbezogenen ein unbedingter ist; auch muß sich heute der Gläubiger von der Verkehrsgewohnheit noch ganz andere Dinge aufdrängen lassen, als die Bezahlung mit einem guten, geldwerten Papiere. Ich glaube aber auch gar nicht, daß es erst noch eines besonderen Vorschlages bedarf, um dem Verkehre die hier angedeutete Richtung zu geben; es ist ein Weg, auf den die Bankpraxis ganz von selbst geraten wird, wenn plötzliche, große Abhebungen in Kriegs- und Krisenzeiten die Unzulänglichkeit des gegenwärtigen Zustandes klargemacht haben werden.

Printed by Libri Plureos GmbH
in Hamburg, Germany